Christiane Gerges

Kontemplative Werke, Band 3

Das Michael-Fest

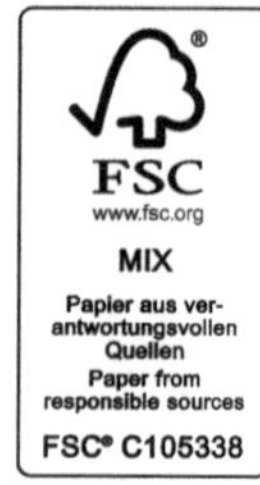

Es sei gewidmet Michael, dem Türhüter,
durchlässig nur den Herzens-Gedanken.

Es sei gewidmet Michael mit der Waage,
der den Rhythmus des Lebens wahrt durch Tod
und Auferstehung.

Es sei gewidmet Michael, dem Angesicht des
Christus, der durch sonnenhafte Herzenskräfte
die Trennung zur Vereinigung wandelt.

Struktur dieser Betrachtung

Diese Betrachtung ist so aufgebaut, dass sie in sich den Festes-Charakter trägt. Ich schreibe nicht *über* das Michael-Fest, sondern diese Betrachtung ist in sich als Kunstwerk gedacht, bei welchem sich Form und Inhalt entsprechen.

Jedes Fest hat rituelle Abläufe, die eine alltägliche Begegnung erst zu einem Fest gestalten. Abläufe, die in sich wiederholender Art wiederkehren: die abgeschlossene Tür vor Heiligabend, der geschmückte Baum, ein bestimmtes Essen, das alles sind rituelle Abläufe. Sie haben eine bestimmte Reihenfolge.

So hat auch diese Michael-Fest-Betrachtung eine Struktur, die in ihrem Aufbau und ihrer Reihenfolge den Festes-Charakter erst ergibt. Damit Sie dieses mit Bewusstsein mitvollziehen können, werde ich die Struktur in ihren sieben Schritten hier aufschreiben und auch innerhalb der Schrift darauf verweisen.

Diese Schrift hat also zwei Teile, die ineinander verwoben sind:

einen, der auf die Form des Festes aufmerksam macht, und einen, der das Michael-Fest inhaltlich betrachtet.

Erster Schritt – Drei Stufen zum inneren Raum

Michael ist mit dem Bewusstsein der Menschen verbunden. So kommen wir ihm beim Lesen dieser Schrift schon einen Schritt näher, wenn wir nicht nur Informationen aufnehmen, sondern das Ich-Bewusstsein dabei wach halten. Das kann geschehen, wenn wir uns klar werden, mit welchem Bewusstsein wir uns identifizieren während dieser Tätigkeit. Es mag vielleicht seltsam anmuten, dass dies ein solches Gewicht bekommt, doch die folgenden drei Stufen von a) bis c) sind wichtige Klärungen, um einen Innenraum aufzubauen, in dem nur Wesen zur Erscheinung kommen, die das Bewusstsein lieben. Die folgenden drei Stufen sind also die drei Stufen, die uns von der Alltagswelt in einen Festes-Stimmung schreiten lassen:

a) Wer schreibt?

Zuerst sollte geklärt werden, als wer der Autor, also ich, schreibe. Jeder Autor schreibt aus etwas anderem heraus: aus seiner Erziehung, aus seinen Vorstellungen und Wünschen, vielleicht auch, weil er eine journalistische Ausbildung hat und das ‚Know how' kennt. Kennen Sie Menschen, die sich total verändern, wenn sie sich nach dem Feierabend als Privatmensch geben oder wenn sie im Anzug als Vorstand eines Firmenwesens Entscheidungen zu fällen haben. Ja, es kommt bei ein- und demselben

Menschen dann jeweils zu anderen Gedanken-Bildungen und auch zu anderen Seelen-Stimmungen.

Also während ich das schreibe, bemühe ich mich, die Beziehung zu Michael zu halten, und ich bemühe mich, aus diesem übergeordneten Bewusstsein zu schreiben. Gedanken aufzuschreiben, die ich in Beziehung zu Michael gebildet habe anlässlich des Themas: „Das Michael-Fest".

b) Beziehung zwischen uns

Wie ist die Beziehung zwischen uns; zwischen Ihnen, dem Leser und mir, dem Schreibenden?

Sie haben diese Schrift erworben und möchten etwas lesen, das Ihnen das Michael-Fest beleuchtet. Sie als Leser sind in einer aufnehmenden Haltung zu mir. Ich gebe mir Mühe, Worte zu schreiben, die das Wesen Michaels aufleuchten lassen können. Ich bin in einer Worte-bildenden Tätigkeit für Sie.

Damit bilden wir, während Sie dies lesen, einen gemeinsamen Seelen-Raum.

c) Wer ist in unserer Mitte?

Diese Schrift soll nicht informativ wirken, sondern transformativ. Ich möchte etwas betrachten, was die äußere Natur, die wir anschauen werden, als geistgetragen in Ihnen aufleuchten lassen kann, und ich möchte etwas betrachten, was die innere Welt des seelischen Erlebens sichtbar macht.

Das ist dasjenige, was Rudolf Steiner in den Leitsätzen als Christus-Michael Sprache bezeichnet, die dann zwischen uns zum Erklingen kommt.[1]

Als Michael-Sprache beschreibt er das, was die äußere Natur als geistgetragen aufleuchten lässt, dafür bin ich als Schreibender verantwortlich.

Als Christus-Sprache bezeichnet er das, was die innere Welt des seelischen Erlebens sichtbar macht. So ich die innere Welt beschreibe wie die äußere, ist sie dementsprechend Michael-Sprache, weil ich sie im gleichen Modus wie die äußere Natur beschreibe. So aber das seelische Erleben weder nur in mir, noch nur in Ihnen aufleuchtet, sondern es in unserem gemeinsamen Raume innerlich hörbar wird, wird es durch uns gemeinsam zur Christus-Sprache. Mit dem nicht aufs Materielle gerichteten Sinn kann das Wort dann sogar sichtbar werden. Der Christus wandelt ‚mit‘ uns, in unserer Mitte, in solch einer Michael-Festes-Stimmung.

So sind wir in diesem ersten Vorbereitungsschritt drei Stufen gestiegen zu einem nun gemeinsamen inneren Raum:

Die erste Stufe wurde gebildet dadurch, dass ich Ihnen beschrieb, aus welcher *geistigen Beziehung* heraus ich mich bemühe, zu schreiben: nämlich aus meiner Beziehung zu Michael.

---

[1] Rudolf Steiner, GA 26 *Anthroposophische Leitsätze*, S. 97f

Die zweite Stufe wurde gebildet, indem wir die *Beziehung* zwischen *uns* bewusst gemacht haben, so dass ein gemeinsamer Raum entstand.

Die dritte Stufe gab den Blick auf die Mitte frei. Eine Möglichkeit eröffnete sich uns, wie wir zu einem Weggefährten kommen, der m i t uns wandelt, in unserer Mitte wandelt.

Und in diesen drei Stufen liegt etwas Wichtiges. Wer zu einem Michael-Fest kommen möchte, der möchte einen Raum bereiten, der zum einen gemeinsam ist und in dem dann auch Michael-Christus *anwesend* sein kann.

Zweiter Schritt – Planetensphären

Betrachten wir ein bekanntes Fest genauer:

Nehmen Sie Ostern. Wodurch ist Ostern ein Fest? Wie ist das in der heutigen Welt? Zwei Urlaubstage – Eiersuchen, schönes Essen, Sofa, Fernseher.

Doch was macht ein Fest aus? Ein Geburtstags-Fest, Hochzeits-Fest? Die Gemeinschaft, das Zusammenkommen der Menschen scheint doch vor allem wichtig zu sein!

Durch das Zusammenkommen entsteht ein Fest. Und zum Fest zählt gar nicht so sehr das Äußere, sondern dass eine Stimmung entsteht: die freudige Erwartung, das auf den Inhalt des Festes umgestalten der Umgebung, das Umgestalten der Form, in der man lebt. Also die Wohnung wird geziert. Die Menschen duschen sich, schmücken sich dem Fest gemäß. Man kauft Geschenke.

Und was machen wir da in dieser Festes-Vorbereitungsstimmung?

Wir gehen durch die *Planetensphären* bei der ernsthaften Vorbereitung für ein Fest. Im Alltag bleiben wir in den Planetensphären oftmals hängen durch unsere nicht so veredelten Charaktereigenschaften. Doch ein Fest ist in seiner Vorbereitung so angelegt, dass wir durch alle Sphären der Planeten ‚durchrutschen‘, wirklich mit dem Kosmos in Verbindung kommen!

Bei einem wirklichen Fest – also nicht nur abends Gäste bewirten – wählen wir die Gäste nicht nach dem aus, wie sie uns von Nutzen sein können, sondern haben das Fest im Bewusstsein: ob diese Menschen auch dazu passen, daran Freude haben. Die olle Tante, die aber bei der Hochzeit auch eingeladen werden muss, weil sie Teil der Familie ist. Oder der Cousin, mit dem wir eigentlich Streit haben. Da überwinden wir die Kräfte, mit denen wir uns sonst in der **Mondensphäre** festhängen, wenn wir nach unserem Nutzen unser Gehirn betätigen.

Wir ordnen und richten die Umgebung und unsere persönliche Kleidung nach dem Fest aus: da wirken wir in der **Merkursphäre**, die immer wieder das Ideal des Festes in die sinnliche Umgebung vermittelt und umgekehrt: die sinnliche Umgebung auf das Fest ausrichtet.

Wir richten unsere Handlungen, unsere Gedanken ganz auf das Fest aus. Wir stellen unseren Tagesablauf, die Vorbereitungen ganz in den Dienst des Festes. Dies lässt uns an der **Venussphäre** Anteil haben.

Wir drücken die Sorgen des Alltags von uns und lassen in unserem Herzen nur die Freude einziehen. Da begeben wir uns in die **Sonnensphäre**. Die Sonnensphäre durchzieht natürlich alle anderen Sphären. Freude können wir bei jeder der anderen Tätigkeit aus verspüren.

Wir kaufen Geschenke. Das ist verbunden mit der Entscheidung, etwas von sich wegzugeben mit Mitgefühl für den anderen. Das macht, seitdem Buddha sich mit dieser Sphäre verbunden hat, mehr und mehr die **Marssphäre** aus.

Wir planen und sinnen, wie alles werden soll und stellen uns damit aktiv in die **Jupitersphäre**.

In Empathie freuen wir uns in den Freuden der anderen. Damit wird die **Saturnsphäre** in uns wach, in der wir uns alle als Facetten ein- und desselben Menschenwesens erleben können.

Ja, das macht dann so recht die Festes-Stimmung aus, wenn wir in unserer Seelenstimmung durch alle Planetensphären schreiten konnten!

Wir stellen also in einer rechten Festes-Stimmung das, was unser egoistisches Selbst ausmacht, mehr und mehr in den Hintergrund und lassen das Wesen des Festes in uns aufleben. Und so leben wir uns in der Festesvorbereitung, wo wir durch die Planetensphären schreiten, schon in den Kosmos ein.

Dritter Schritt – Grundriss-Skizze

Nun gibt es schöne Feste, die mit Stimmung gefeiert werden, wo aber einfach die Traditionen gepflegt werden, die Eier aufgehängt werden, ein Osterlamm serviert wird. Eine unbewusste Festesstimmung entsteht, mehr durch die Dekoration, die äußeren Symbole.

Es fehlt der Inhalt des Festes. Eine weitere Steigerung gibt es, wenn ich mich bewusst mit dem Inhalt verbinde:

Weihnachten: die Geburt Jesu
Ostern: Tod und Auferstehung des Christus
Michaeli: was findet da statt?

Wie ist die Seelenbeziehung von Mensch und Kosmos zu Michaeli? Es ist sehr aufschlussreich, die Feste, die den Jahreslauf gestalten im Zusammenhang anzuschauen. Sie haben eine innere Dynamik miteinander, sind ein Metamorphosegeschehen in sich.

Wir beginnen mit Weihnachten am 24.12., kommen zu Ostern im Frühling. Das Ostergeschehen findet seinen Abschluss mit Pfingsten, 40 Tage später, circa im Juni.

An Weihnachten verbindet sich Gott mit der Erde. Er wird in Maria, die sich als Mensch mit der Empfangsbereitschaft der Erde identifiziert, aufgenommen. Sie gebärt ihn in die Welt. Nun fängt ein Weg für Christus-Jesus an, der mit einem schrittweisen Opfergeschehen begriffen werden kann. Schritt für Schritt verbindet er sich mit seinen Mitmenschen, mit der Natur, den Elementen, mit der Erde. Ich schreibe Christus-Jesus, weil zu diesem Opfergeschehen auch die Bewegung, wie der Christus in den Jesus dann einzieht, gehört.

Dieser Opferprozess hat seine Kulmination im Tod am Karfreitag, wo der Christus sich mit dem Mittelpunkt der Erde verbindet.

Von dort an beginnt die Auferstehung. Also wir haben das Ostergeschehen mit dem Tod und der darauf folgenden Auferstehung.

Wie kann ein Leib auferstehen? Der Christus konnte seinen Formleib erhalten; die Formkräfte, an denen sich die physischen Stoffe anlagern, die Bildeströme zur Sichtbarkeit gerinnen.

Den Formleib haben wir von den Bildekräften der Landschaft und der Familie, in die wir geboren werden, dadurch sehen die Afrikaner anders aus als die Asiaten z. B., und wir verloren diesen in früheren Zeiten wieder, wenn wir unseren physischen Leib verließen. Doch Christus konnte sterben, ohne den physischen Formleib zu verlieren! Er hat ihn und die ganze Erde wandelnd mit sich genommen.

Doch die Auferstehung ist nicht in einigen Minuten vollendet. Sie findet in Prozessen statt. „Er brach das Brot und entschwand ihren Blicken." Dann später: „… gebratenen Fisch… und aß es vor ihren Augen."[2] Er entschwindet nicht mehr, sondern kann vor ihren Augen essen.

---

2 Lukas, 24, 31ff

Oder der erste Moment der Erscheinung vor Maria Magdalena: „Rühre mich nicht an. Ich bin noch nicht zum Vater aufgefahren." Dann viele Tage später zu Thomas: „Reiche Deine Hand her und lege sie mir in die Seite, ..."[3]

Die Auferstehung ist ein Prozess der Individualisierung der Formkräfte. Die Formkräfte werden nicht nur erhalten, sondern mehr und mehr vom Ich durchdrungen und individualisiert. Dieser Prozess hat seinen Höhepunkt, den Formleib betreffend, zu Pfingsten, wo der Geist in einzelnen, individualisierten Feuerflammen in die gedanken- und wortbildende Kraft der Menschen einzieht.

Es folgt im Jahreslauf eine Pause von einigen Wochen und dann feiern wir das Johanni-Fest, das Sommerjohanni-Fest am 24. Juni. Es ist das Fest Johannes des Täufers. Die Jordantaufe wird am 6. Januar zu Epiphanias gefeiert. Doch da wird die Erscheinung des Christus gefeiert, es steht am Ende der Heiligen Nächte als Pendant zu Weihnachten, mit dem die Heiligen Nächte beginnen. Johannes der Täufer wird am 24. Juni gefeiert.

Wer ist Johannes der Täufer? Es ist derjenige, von dem geschrieben wird: „Es ward ein Mensch ... mit seinem Namen ‚Johannes'."[4] Und dieser Mensch ruft uns zu: „Ändert Euren Sinn!" Dem Geiste sollen wir zugewandt sein und nicht den Lüsten unseres Fleisches.

Im Sommer sind wir herausgezogen mit unserer Seele, mit unserem Geist, in einer Art träumendem Zustand. Ein paar Zitate aus dem Seelenkalender aus den Sommersprüchen, die Nummer des Spruches jeweils in Klammern:

---

[3] Joh. 20, 17ff

[4] Joh. 1, 6

„…Weltenfluge…, mich selber zu verlassen, … mich suchend in Weltenlicht und Weltenwärme." (12)

„In Geistesgründen suche ahnend, Dich geistverwandt zu finden." (13)

In diesen Sprüchen spiegelt sich diese herausgezogene Seele wieder. Das Fest Johannes des Täufers, das Fest desjenigen Menschen, der uns zurief, dass wir unseren Sinn dem Geist zuwenden sollen, wird genau in dem Zeitpunkt des Jahreslaufs gefeiert, wo unser Sinn hinaus gezogen wird in kosmische Geistesträume.

Nun gilt es, im Traume sich nicht zu verlieren:

„Geheimnisvoll das Neu Empfang'ne mit der Erinn'rung zu umschließen" (19)

Das heißt, den Gedankentraum, das Geistgeschenk unter Aufrechterhaltung des Ich-Bewusstseins wahrzunehmen, zu empfangen und mit der bewussten Ich-Tätigkeit der Erinnerung zu umschließen. Einen Weltenflug zu vollziehen, ohne das Ich zu verlieren, nicht irgendwo auf einer Sommerwiese lau dahinzudämmern.

Dies entspricht dem Auferstehungsprozess: Formkräfte zu wahren mit dem Ich während des Geistesfluges. Das Bewusstbleiben im Geiste braucht den Willen, des Willens Feuermacht. Und dieser Prozess der Auferstehung der menschlichen Seele aus dem Geiste hat zu Michaeli seinen Höhepunkt, wenn wir über Sommer nicht ‚Urlaub von unserem Ich' gemacht haben.

Dieses Geistgeschenk wird nun geopfert als Gabe für die Erde, für die Naturreiche. Die kosmischen Gedanken, die ‚Ideen', die Träume, die mir über Sommer kamen, sollen in die Erde eingearbeitet werden. Nicht dem

Egoismus sollen die Weltgedanken dienen, sondern in Werke sollen sie gestaltet werden, die der Erde und der Allgemeinheit dienen. Dazu bedarf es der Fähigkeit, dass das niedere Selbst durch einen Todesprozess geht, damit der Egoismus gewandelt wird. Die Werke sollen nicht mit Eigenwillen entstehen, sondern in einer lauschenden Art, die das Wesen erhört, dem sie dienen.

Male ich ein Bild, soll es aus der Farbe heraus gemalt sein; hämmere ich einen Stein, soll er die in ihm liegende Gestalt zum Ausdruck bringen. Es geht nicht um die Verwirklichung meines Selbst, sondern um das Wandeln und Veredeln der Naturreiche durch die kosmischen Gedanken, die durch unser Ich individualisiert in die Erde getragen werden. In schaffender Tätigkeit durch den Todesprozess gehen, nachdem zuvor mein Ich aus dem Kosmos auferstanden ist. Das ist das Geschehen an Michaeli!

Es ist die Umkehrung, die Spiegelung des Osterfestes. Findet zu Ostern erst der Tod des Gottes als Opfer für den Menschen und dann die Auferstehung des Gottes aus der Erde statt, findet zu Michaeli zuerst die Auferstehung des Menschen aus dem Kosmos und dann der Tod als Opfer für die Naturreiche statt.

Es entsteht eine wunderbare Bewegung von Gottes-Ich und Menschen-Ich, die in Meditation erlebt werden kann. Bevor der Mensch zu Johanni in den Kosmos gezogen wird, war zuvor die Auferstehung des Christus. Folge ich ihm nach, wenn ich im Sommer in den Kosmos gezogen werde? Von wem ist dann das Geistgeschenk? Durch wen habe ich die Kraft, aus dem Traume aufzuerstehen, das Ich aufrechtzuhalten? Es entsteht eine Dynamik, ein Atmungs-prozess in der Individualisierung des Ich im Jahreslauf.

Die Feste im Jahreslauf – eine Grundriss-Skizze

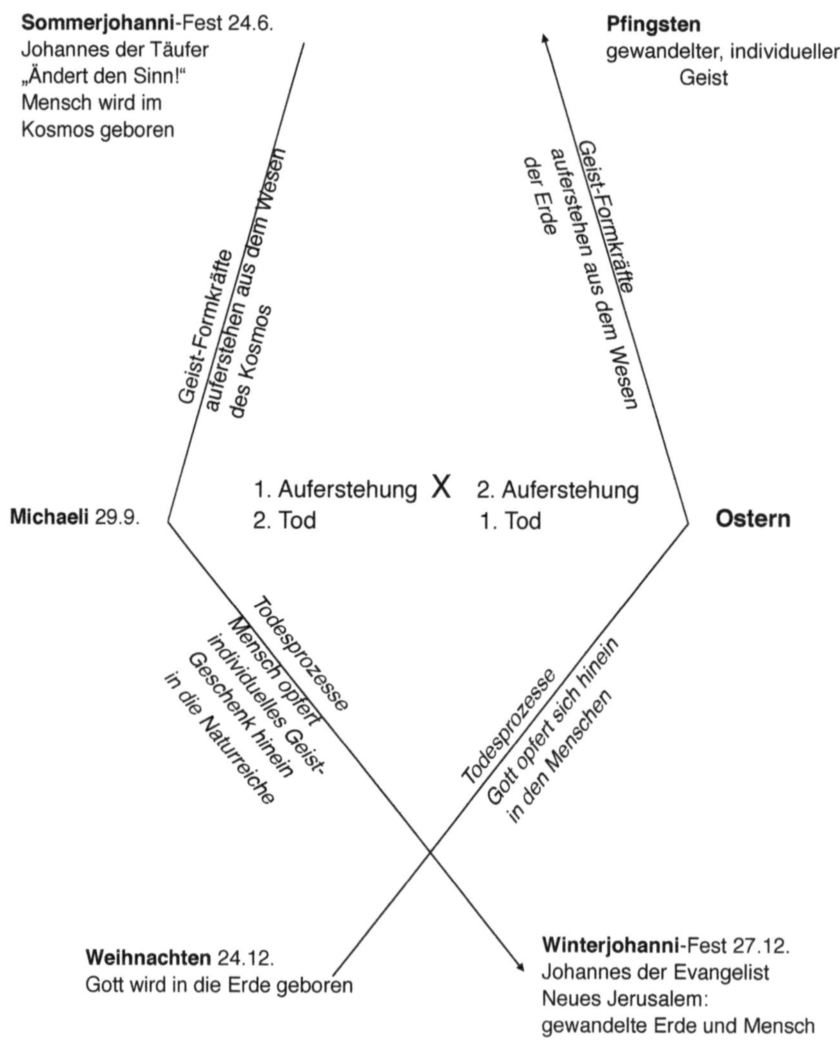

Und wo kulminiert dieser Opferprozess des Menschen? Am Winterjohanni-Fest, das Fest Johannes des Evangelisten am 27. Dezember. So wie Johannes der Evangelist seine kosmischen Gedanken, seine großartigen Imaginationen in Worte und zu Papier, also durch das Werk der Schrift hinunter in die Erde brachte, so sollen auch wir

unsere Gedanken als selbstlose Werke für andere herunterbringen.

Die wunderbare Imagination des Neuen Jerusalem wird uns von Johannes dem Evangelisten geschenkt. Er beschreibt das Neue Jerusalem als die vom Menschen-Ich gewandelte Erde.

Nachdem wir also mit drei Stufen in einen gemeinsamen inneren Raum geschritten sind, uns durch die Planeten-Sphären mit dem Kosmos verbunden haben, haben wir jetzt eine Art Grundriss-Skizze der Seelenbewegung von Mensch und Kosmos bewusst vollzogen. In der geistigen Welt können wir nur das sehen, was wir beleuchten, so ist das eine Art von Beleuchtungs-Skizze für unseren Weg, um Michael sichtbar zu machen. Sie ist entstanden durch Bewusstmachung der Beziehungen, die das Michael-Fest zu den anderen Festen hat. Sie ist das Zentralste in unserem gemeinsamen Raum, weil wir wie gesagt nur das sehen können, wo wir die beleuchtende Flamme unseres Bewusstseins drauf eingestellt haben, und sie hilft uns, aus einem gemeinsamen Bewusstsein, den folgenden Weg zu beleuchten, so dass er eben ein gemeinsamer wird.

Vierter Schritt – Altarbild der Elemente

Nun wollen wir uns anschauen, was in der Sinneswelt geschieht zu Michaeli. Wir wollen es so anschauen, dass das Geistige darinnen sichtbar wird.

Wir können die Bäume anschauen, wie sie als hehre farbige Fackeln erglühen. Die Blätter färben sich langsam intensiv gelb oder rot. Dann kommen drei Tage, wo die Farben plötzlich erglühen. Danach werden die Blätter stumpf und fallen zur Erde. Die Baumsorten wechseln sich ab, so dass immer andere Bäume die Farben glühend zum Himmel erheben.

Bei den Früchten ist es ähnlich. Die Farben der Früchte fangen auch erst an zu leuchten, danach fallen sie mit dem Samen zur Erde.

Geschieht also zu Michaeli eine Trennung? Eine Trennung von ätherischen Farben und Physischem?

Schauen wir umfassender, eine Beziehung zu den anderen Jahreszeiten aufnehmend:

Im Frühling, bevor die grünen Blätter kommen, sieht man über den Bäumen, wenn man von weiter weg schaut, schon einen gelben Schein. Die Farben setzen sich von außen auf die Bäume drauf.

Dann nehmen sie im Sommer die ganze Erdenerfahrung auf. Das Durchlichtete, das Zarte verlieren sie mehr und mehr. Sie nehmen das Mineralische der Erde auf. Sie werden immer ,materieller', fester, dichter.

Schauen wir dagegen auf die Farben der Blüten, sehen wir leuchtende Himmelsfarben, meist regenbogenfarbig, die sich von außen darauf setzen. Ganz anders leuchten die Blütenfarben, die das Blütenblatt nicht durchdringen, sondern wie darauf gemalt sind, als die mineralischen Farben der Herbstblätter und Früchte, die wie von innen aufglühen.

Diese mineralischen, glühenden Farben nehmen die Erderfahrung hoch in die Himmel. Das sinnlich Erlebte im Spiel von Licht, Luft, Wasser und Erde wird hoch in die Ätherwelten entflammen gelassen. Es ist Feuer von unten, das nach oben flammt.

Die Früchte entstehen durch Pollen, die von oben, also wie vom Himmel auf die Stempel der Blüten wehen, selbst wenn sie von elfengleichen Gehilfen, wie den Bienen, getragen werden. Ein Feuer von oben, dass den Erdenstoff durchdringt. Die leuchtende Fruchtschale ist mineralisch glühend wie die Blätter, doch der Same darinnen schenkt die Himmelserfahrung des Pollens in die Erde hinein; schenkt die Hoffnung auf die Vereinigung von Himmel und Erde in die Tiefen.

Zusammenfassend: Die glühenden Herbstblätter und Früchte bringen das sinnlich Erlebte hoch in die Himmel. Die Samen bringen die Himmelserfahrung in die Erde.

Selbst die Blätter, die dann ohne die geopferten Farben auf die Erde fallen, werden wieder zu Humus, der von den Pflanzen als Nahrung aufgenommen und wieder gen Himmel erhoben wird.

Es geschieht also nur scheinbar eine Trennung im Herbst. Wenn wir die geistigen Vorgängen wahrnehmen, ist es ein gegenseitiges miteinander Atmen.

Es ist ein gegenseitiges Beschenken und Befruchten von Himmlischem und Irdischem, eine Neuordnung, die möglich wird.

Mit solcher Anschauung der Natur, die bei dem sinnlich Sichtbaren anfing und zur geistigen Bewegung, die diese Vorgänge trägt, aufstieg, haben wir eine Art Altarbild errichtet. Es hat die Elemente mit einbezogen, insbesondere wie das Feuer auf- und niedersteigt und ließ die Imagination aufscheinen, wie Himmel und Erde sich beschenken. Ein rechter Michaeli-Altar!

Fünfter Schritt – Michael-Anrufung

An diesem aufgebauten Altar können wir jetzt eine Anrufung vollziehen. Mit einer Anrufung möchte man das Wesen durch das Wort in die Sichtbarkeit rufen. Wir wollen also seinen Namen ertönen lassen und anschauen.

Um die Deutlichkeit zu stärken, bringen wir auch die Namen seiner Brüder, der anderen Erzengel, die für die Jahresfeste stehen, in die Anschauung.

Wir können sie am Klarsten erkennen, wenn wir die Namen als Skulptur anschauen. Diese entsteht im Mundraum, wenn wir die Namen leise ertönen lassen ohne sie mit dem Atemstrom zu verfälschen. Also eher gesanglich sprechen, was den Atem betrifft. Allerdings den Namen möglichst alltäglich aussprechen, also nicht gesungen! Dass man nicht Längen und Betonungen hinein bringt, wo keine sind. Den ausgesprochenen Namen als Akkord erlebend, nicht wie man alltäglich eine Melodie hört, wo man im letzten Ton vom ersten nicht mehr weiß. Also ein Gesamtes, was eine bestimmte Skulptur im Mundraum formt, die man dann auch über das Herzchakra in den Körper strömen lassen kann.

‚**Gabriel**', der Engel des Weihnachts-Festes bildet durch die erste Silbe eine Schale, die durch die zweite Silbe einen Lichtes-Keim in sich enthält, der sich aufrichtet. Es sieht ein wenig aus wie die Armhaltung der Mutter Gottes mit Kind.

‚**Uriel**‘, der Engel des Johannisfestes. Der rechte angewinkelte Arm zeigt nach schräg unten. Der linke angewinkelte zeigt weisend nach vorne, ein ganz wenig schräg nach oben.

‚**Raphael**‘, der Engel des Osterfestes. Eine Welle steigt immer wieder erneut von unten Außen nach innen Oben und entfaltet sich ein wenig schenkend nach außen. Eine bewegte Skulptur: der Lebenskräfte-Spender.

‚**Mikael**‘, (die Aussprache, die Rudolf Steiner für die Hochschule wählte.) Eine Kraft wird vom rechten Arm durch den vorderen Sinnesraum hoch über den Kopf ge-führt: ‚Mi‘, schlägt tief in die Erde über den linken Fuß hinunter und schräg nach rechts hoch: ‚ka‘ und wird dann liebevoll im ‚el’ (durch das ‚l’ fast wellenartig) nach links in den Herzbereich gelenkt und von dort aus genauso liebevoll nach rechts geöffnet. Eine hoch aufgerichtete Licht-Gestalt, die unten und oben verbindet und das Herz aktiv abwägend zwischen Willen und Licht hält.

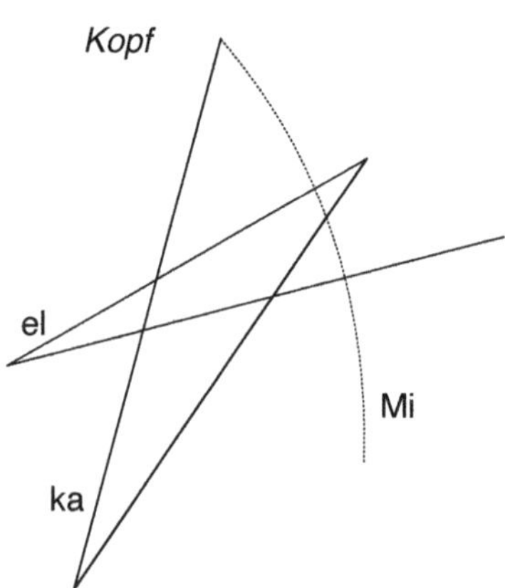

linker Fuß

Die Wahrnehmung der Laute geschieht dabei nicht buchstabierend, sondern syllabierend: der Vokal ist das Gefäß, der Anfangs- und der Schlusskonsonant die Dynamisierung.

Die Übersetzung des Namens heisst: „Wer ist wie Gott?" „Wer ist Gott gleich?"

Können wir Michael aufnehmen, wenn wir uns diese Frage stellen? Können wir ihn in dieser Fragestimmung in uns aufnehmen? Ist Michael diese Frage? Dann ist er als diese Frage ein Tor, eine Eröffnung zu Gott?

Wer von uns nimmt den göttlichen Funken, den wir in uns tragen, ernst? Wer hat Vertrauen zu diesem ewigen göttlichen Licht?

Wer kann im Ich wach bleiben? Wer bleibt im Vertrauen zur Geistigen Welt voll Mut und ohne Angst bestehen?

Sind das die Fragen, die uns Michaels Wesen in uns stellt? Diese im Alltag zu erinnern, gibt uns Stärke und Kraft, aufrecht durch unsere Zeit zu schreiten!

Sechster Schritt – das Wesen Michaels

Wenn wir verstehen, wie Michael im Zeitenlauf sich verändert, seine Metamorphose erleben können, finden wir auch die Möglichkeit, den Ort zu erkennen, wo wir ihn aufnehmen und in uns leben lassen können.

a) Michael als Türhüter

Die mir früheste Möglichkeit, Michaels Wirken zu entdecken, entsteht durch Abraham.

Seinem Vater war ein schamanisches Bewusstsein zu eigen, für den Geist und Natur eins waren. Die Menschen damals erlebten sich als von der Natur bestimmt, weil das Göttliche noch in der Natur war. Sie beteten zu einem Baum, zum Mond, zu Statuen. Der Vater war von Beruf Götterschnitzer und hatte recht oft den Auftrag, Götterstatuen wiederherzustellen, die verbrannt waren oder sonst irgendwie beschädigt waren.

Abraham erlebte so die Vergänglichkeit dieser Götter und fing an zu fragen, wer wohl der Größte der Götter sei? Der Mond? Die Sonne? Die Nacht? Der Tag? Immer wieder fand er etwas, was stärker war als das ins Auge gefasste und das vorherige auslöschen konnte. Doch wo war der ewige Schöpfergott?

In seiner Verzweiflung rief er seine Frage weit hinaus in die Welt. Da hörte er eine Stimme: „Ich bin, der ich bin.“[5]

Das Hebräische hat keine Verben in der Gegenwart. Es findet in der Gegenwart keine Distanzierung von der Tätigkeit statt. Die direkte Übersetzung ist von daher noch eindrücklicher: „Ich als Seiender.“

Indem Abraham diese Antwort hört, dringt er in seinem Bewusstsein durch zum reinen Sein, zu dem reinen Sein jenseits des Stoffes. Vorher, als das Bewusstsein sich an den Stoff hing, da wurde es von außen bestimmt. Solange es von einer Statue Hilfe erhoffte, war es abhängig von den Widerfahrnissen, die dieser Statue geschahen oder mit ihr verknüpft waren. Doch im reinen Sein kann das Ich in Freiheit erwachen! Das Göttliche musste dazu außerhalb der Natur erlebt werden können.

Abraham vollzog diesen Bewusstsein-Schritt für die Menschheit. Und Menschen ‚so zahlreich wie der Sand und wie die Sterne‘ wurden von diesem Bewusstsein befruchtet.

Der Mond war nicht mehr selber der Gott, sondern er war das Angesicht JHVHs. Michael, der Engel des Angesichtes, war geboren. Das Angesicht ist nicht das Gesicht, das man berühren kann. Das Angesicht ist der Ausdruck eines Wesens, das mir im Gegenüber aufleuchtet, wenn ich den anderen mit Herzenskräften wahrnehmen kann. Ohne die Wahrnehmung durch das

---

[5] Belkis Philonenko-Sayar / Marc Philonenko, *Jüdische Schriften aus hellenistisch-römischer Zeit, Bd. V, Apokalypsen,* ‚Die Apokalypse Abrahams‘ Gütersloh 1982, S. 427-430. In dieser Schrift wird Abraham schon ein ähnliches ‚Ich bin‘-Erlebnis zugedacht, wie es in der Bibel für Moses beschrieben wird.

Herz bleibe ich in den Äußerlichkeiten eines Gesichtes hängen. Doch wenn mir das Angesicht aufscheint, wird es zum Tor für das Wesen selbst. JHVHs Wesen lebt im rein Geistigen. Der Vollmond wird zum Angesichte von JHVH. Er ist eine Tür zu dem Wesen des Gottes, das letzte sinnliche Erscheinungsbild vor der geistigen Welt. Und der Türhüter ist Michael, der Engel des Angesichts! Um die Erde ist ja ganz rundherum die Mondensphäre. So muss alles, was hoch oder runter geht, durch Michael durch.

Michael wird also im jüdischen Raum als Türhüter für die geistige Welt erlebt. Wenn man zu ihm aufschaut, wird man sofort mit dem rhythmischen Geschehen der Mondensphäre konfrontiert, mit dem zu- und abnehmenden Mond, mit den sich abwechselnden Zuständen von dunkler und lichter werdend. Die Mondensphäre ist geprägt durch das rhythmische Geschehen der beiden kosmischen Schöpferkräfte Dunkel und Licht. Und Michael, der in dieser Anschauung in der Mondensphäre erkennbar ist, wählte die rhythmische Welt zu seinem Wohnplatz,[6] wenn man dies so menschlich ausdrücken darf.

Der Rhythmus ist sinnlich wahrnehmbar. Doch hinter dem Rhythmus steht der Takt, der nur dem ordnenden Denken wahrnehmbar ist. Der Takt ist wie das Gesetz, das dem Rhythmus untergelegt ist. Das Wesen, das hinter dem Licht-Dunkel-Rhythmus des Mondes stand, konnten die Menschen begreifen wie den Takt. Sie erlebten es als das Gesetz und im Wahrnehmen des Gesetzes konnten sie JHVH erahnen. Er strafte diejenigen, die er liebte, heisst: er ließ sie das Gesetz spüren, er kam zu ihnen. JHVH wählte sich das Gesetz zu seinem Wohnplatz.

---

[6] Rudolf Steiner, GA 26, *Leitsätze*, S. 165ff

In der Synagoge neigt sich der Thora-Vorlesende stetig hinunter und hoch. Das Hinunterneigen erzeugt Dunkelheit und das Wieder-Aufrichten Helligkeit. So begibt sich der Vorlesende in dieses rhythmische Geschehen Michaels, um aus ihm die Schriften JHVHs auffassen zu können und in richtiger Art und Weise seine Gesetze auszulegen.

b) Michael mit der Waage

Das innere, ewige Wesen des Rhythmus ist das Gleichgewicht! Vielleicht ist das besser greifbar, wenn man fühlt, wie der Rhythmus sich aufbaut aus Schwere und Leichte. Hätte er nicht das Gleichgewicht zum ewigen Wesen, wäre der Rhythmus nur eine endliche, beliebig lange Folge.

Durch das Ich kann ich mich diesem ewigen Wesen des Rhythmus verbinden. Durch die erwachte Ich-Tätigkeit in der nachchristlichen Zeit wird das Gesetz vom Ich durchdrungen zur Gleichgewichtsbildung!

Darinnen liegt das christliche Element. *„Ich bin nicht gekommen, (die Gesetze) aufzulösen, sondern zu erfüllen!"*[7] Erfüllen von innen: Das innere Gleichgewichtbilden löst das Gesetz von außen ab und ist das jetzt Zeitgemäße: ein Gesetz, das abwägend nur angewandt wird nach dem Prinzip des Gleichgewichts der Erde und des Kosmos!

---

[7] Matth. 5,17

Der Michael mit der Waage löst den Michael mit dem Speer, der den Drachen mit dem Gesetzes-Speer niederhält, ab.

Diese Gleichgewichts-Bildung ist ein großes Geheimnis des Mondes. Sie verweist auf die Sonne, die als ewiges Wesen hinter dem Mondenrhythmus steht. Durch deren Licht dieser Mondenrhythmus erst in Erscheinung tritt.

Die Namen der Mondgötter sind meist sehr ähnlich: Manat im Zweistromland, Mani in Germanien. Ihnen sind nicht nur das ‚M' und das ‚n' gemeinsam, sondern die meisten Namen haben auch die Vokale ‚a' und ‚i', die sich zu dem Mondlaut ‚ei', der [a(e)i] ausgesprochen wird, zusammenschließen. Die beiden Silben bilden jeweils in sich einen gleichgewichtigen Zustand durch die Art und Weise wie der Konsonant mit dem dazugehörigen Vokal zusammen klingt.

Es gibt Eingeweihte, die mit dem Wesen des Mondes verbunden sind und deren Fähigkeit es ist, das Gleichgewicht zu halten von Licht und Dunkel, von Gut und Böse. Ihre Namen haben auch diesen Mondenklang: Mani, Manu. Sie gehen diesen beschriebenen Weg in der Einweihung: vom Erleben des Rhythmus, zum Erzeuger des Rhythmus, dem ewigen Wesen des Rhythmus, dem Gleichgewicht.

Auch der erste Pharao hatte solch einen Mondennamen. Er hieß Manis. Er beherrschte die beiden Wesen von Ober- und von Unterägypten und war fähig, sie zu vereinen. Das machte einen Pharao aus, damit erst wurde er zum Pharao, dass er das Gleichgewicht zweier Gegensätze halten konnte, also Reichseiniger werden konnte. Durch das Gleichgewichthalten, stieß er ja zum Wesen der

Sonne durch, das wir nun schon als das ewige Wesen des Mondes erkannt haben.

c) Ägyptisches Michael-Fest

Das Thronbesteigungs-Ritual ist ein frühes Michael-Ritual, ein **frühes Michael-Fest**!

Das soll ein wenig genauer beleuchtet werden! In der Anfangszeit wird diese Einigung mit Hilfe des Wassergottes Hapi, der in Nilpferd-Gestalt erscheint, ausgeführt. Man wusste, dass im Wasser die Mond-Kräfte stark wirken, also die rhythmischen Kräfte Michaels, wie sie sich z. B. durch Ebbe und Flut zeigen.

Doch dann geschieht etwas sehr wichtiges, das Christentum Vorbereitendes: Für die Israeliten war der Vollmond die entscheidende Mondphase, die ihrem Vieh Fruchtbarkeit schenkte. Doch die Ägypter waren Ackerbauern. Für sie war der Neumond viel wichtiger, weil dann die Säfte steigen, die Wurzelkraft gestärkt wird. Sie griffen aus der Mondensphäre, aus der Michael-Sphäre der damaligen Zeit, den Neumond heraus, das ,schwarze Gesicht'. Und jenseits des Neumondes war der Gott mit dem schwarzen Gesicht, Osiris.

Abraham und einige seiner Nachkommen waren sehr brüderlich mit den Pharaonen verbunden, lebten über mehrere Jahrhunderte sogar mit ihm im selben Palast. Dadurch kann man sich denken, wie dieser Bewusstseinsschritt Abrahams auch in Ägypten Fuß fassen konnte. Auch der Mond und die Sonne wurden als Scheibe (so übersetzen die Ägyptologen das Angesicht) verehrt und die Götter waren dahinter.

Osiris als Wesen hinter dem Neumond war mit den Wurzeln verbunden, ein Gott der tief in die Erde wirkte, der Gott des Totenreiches. Und wenn man den Neumond mit dem Gemüt ansieht, kann man erleben, wie er schon die Kraft des Wieder-Zunehmens in sich trägt. Eine ganz andere Dynamik hat der Neumond als der behäbige Vollmond. Vom Gemüt her kann man nachvollziehen, dass der Gott Osiris mit einem zeitlichen Vorgang viel mehr verbunden war, wie mit dem räumlichen Türhüter-Aspekt des jüdischen Michaels.

Osiris wird zerstückelt von einem ägyptischen Drachen, einem Krokodil. In dessen Gestalt der Gott Seth erscheint. Dieses Bild soll vermitteln: Er ist in die Materie gefallen, hat sich mit dem Stoff verbunden. Doch ein Vogel schwebt auf Isis nieder und es entsteht Horus. In diesem Sohn kann Osiris wiederauferstehen. Horus verkörpert den Geistzustand. Seth die Materie. Michael als Engel des Angesichts, hier des Neumondes, wird in Ägypten als Angesicht des Osiris zu dem Wesen, welches die Mitte hält zwischen Geist und Materie durch einen zeitlichen Rhythmus.

Und Hapi als Helfer, wird im Thronbesteigungs-Ritual ersetzt von Horus und Seth.

Es gibt einen Rhythmus von Tod und Auferstehung, und es gibt ein Gleichgewicht der beiden. Wenn ich dieses halten kann, dann erlebe ich das Leben, denn das Leben ist das ewige Wesen von Tod und Auferstehung. Mit dem frühen Michael-Ritual, dem Thronbesteigungs-Ritual, wurde vorbereitet, dass Michael das Angesicht des Christus wurde. Er begann durch die ägyptische Metamorphose zum Zeitgeist aufzusteigen. Das kam dann ab 1879 zur Erscheinung.

Wer die räumliche Trennung von reinem Sein und sinnlicher Welt betont, erlebt Michael als denjenigen, der die **kosmische Intelligenz verwaltet.** Nur lebensvolle Gedanken können durch den **Türhüter** durch in die geistige Welt.

Wer das Zeitliche betont, den **Rhythmus**, das **Gleich-gewicht**, erlebt Michael als Ausdruck eines Wesens, welches das **Leben** ist, das die Metamorphose des Willens vollzieht. Einen Balanceakt von Tod und Auferstehung.

Dieses Gleichgewicht zu halten, bedeutet auf der einen Seite die Selbstlosigkeit zu erringen und auf der anderen den Mut zur Beziehungsaufnahme zum Geiste.

d) Drachenkräfte

Nun betrachten wir den **Drachen**, der zu Michael ge-hört:

Man könnte meinen, er ist wie eine Schlange auf Füßen. Doch bewegen Sie Ihre Hand durchs Wasser. Sie bewegt sich schlangenhaft. Sie bewegt sich in solcher Art durch den Widerstand. Widerstand ist Schlangenkraft.

Wir könnten nicht wahrnehmen ohne Widerstand. Sinneswahrnehmung entsteht durch Widerstand. Wenn man alles durch sich hindurch lässt, ist man wie ein Medium. Es entsteht keine bewusste Wahrnehmung.

Die Erkenntnis entsteht durch Wahrnehmen, also durch den Widerstand der Sinne.

Und jetzt wird das Bild der Schlange deutlich. Im Paradies war alles Einheit. Dann, durch das Verlangen nach Erkenntnis, hat sich der Mensch von Gott abgetrennt, denn nur durch das Widerstand-Bilden konnte er mit den Sinnen erkennend tätig werden. Und dieser Widerstand erscheint in der Gestalt der Schlange.

Die Schlange wird dann aus dem Himmel geworfen. Im Staube soll sie kriechen. Eigentlich schmeisst sie sich selber raus, weil sie die Bewegung ist, die durch Widerstand entsteht. Durch diesen Widerstand, durch diese Abtrennung aus der Einheit entsteht gleichzeitig die Materie. Deswegen kriecht sie im Staube, weil sie durch ihre Bewegung Sichtbarkeit erzeugt. Insofern ist es verständlich, dass die Erde durch den luziferischen Ein-schlag fester geworden ist als gedacht. Die Bewegung der Schlange ist die Bewegung der Sinne, der Sinnlichkeit.

Und wenn ich die Sinne veredele, indem ich sie nicht für meinen Eigenwillen benutze, sondern sie zu einem lauschenden Organ umforme, mit dem ich selbstlos wahrnehme, wird gleichzeitig damit die Schlange erlöst. Indem ich sie in solcher Veredelung mit dem Ich durchdringe, bringe ich sie aus ihrer horizontalen Bewe-gung in die Senkrechte. Da alle Sinne mit der Wirbelsäule verbunden sind, mit dem Nervenstrang dort drinnen, sieht das ganze Gebilde dann so aus wie ein Merkurstab. Der

Baum des Lebens wird vom Menschen in solcher Art errichtet.

In unserer Grundriss-Skizze sind wir jetzt beim Seelentod des Menschen.

Die Schlange ist also zu schnell und erzeugt dadurch Widerstand. Der Drache hingegen ist zu langsam! Durch das zu Langsame wird Trennung veranlasst.

Nehmen Sie die Bewegung des Drachens wahr auf alten Abbildungen und Ikonen, wo die Menschen ihn noch hellsehend wahrgenommen haben: das physische Abstoppen, sich Aufbäumen, nach hinten ziehen der Kiefer, damit das Feuer entlassen werden kann. Geist wird von der Materie getrennt. Im Drachen kommt das Wesen zur Erscheinung, das trennt.

Der Drache kann nicht in der äußeren Welt, in der Natur leben. Jegliche Materie würde sofort zerfallen, wenn sie getrennt wird vom Geist. Die Drachenkraft wirkt wie eine Atombombe. Also der Drache ist der Trennende! Ihm wurde daher von Michael ein Ort in der menschlichen Natur angewiesen, damit er zum Guten wirken kann. Dort wirkt er als die trennende Unterscheidungskraft des Denkens. Doch vergisst der Mensch die Unterscheidung innerhalb der Einheit zu denken, dann gerät er in abstraktes Denken und handelt mit egoistischen Willen, der keine Beziehung pflegen kann zu anderen Menschen. Der Drache kann vom Menschen erlöst werden, wenn ihn sein sonnenhaftes Gemüt zur Geist-Erkenntnis im Sinnlich-Sichtbaren führt und er menschliche Beziehungen aus freiem Willen, aus freiem Ich-Entschluss und Treue pflegt, ohne eigenen Nutzen.

e) Michael als Angesicht des Christus

Michael ist dort, wo vereinigende Handlungen und Gedanken durchgeführt werden wie bei dem Thronbesteigungs-Ritual. Michael ist dort, wo die Materie als geistgetragen erkannt wird, wo wir Beziehungen zum Geiste bewusst aufnehmen. Handeln und denken wir in solcher Art, dann nehmen wir Michael in uns auf. wenn wir es schaffen, im Vereine mit Michael vereinigende Handlungen und Gedanken durchzuführen, wenn wir Beziehungen bilden in unseren Gedanken zum Geiste.

Michael ist da, wo v e r b u n d e n wird, eine Beziehung hergestellt wird. Der Drache ist da, wo getrennt wird: Materie von Geist im abstrakten Denken, Wesen von Wesen im beziehungslosen Egoismus.

Und von dem Türhüter-Michael, der in der Gestalt Michaels mit dem Speer nach unten zum Drachen, dargestellt wird, über den Gleichgewicht bildenden Michael, der die Waage in der Hand hält, sind wir jetzt zu dem Michaelbild auf dem Mont St. Michel gekommen, der die Drachenkräfte wandelt. Er hält einen Schild vor sein Herz, auf dem ein Kreuz abgebildet ist. Die Drachenkräfte werden durch dieses hindurchgeleitet und gewandelt. Die rechte Hand hält ein Flammenschwert nach oben und zeigt, wie sie ins Lichtvolle gewandelt werden. Ein Gleichgewicht wird in der Senkrechten hergestellt. Speer und Waage sind verbunden in diesem symbolischen Aufbau, wo das Gleichgewicht nicht mehr nur in der Horizontalen gehalten, sondern die Ordnung durch den Speer in der Vertikalen berücksichtigt wird. Das Herz allein kann dieses

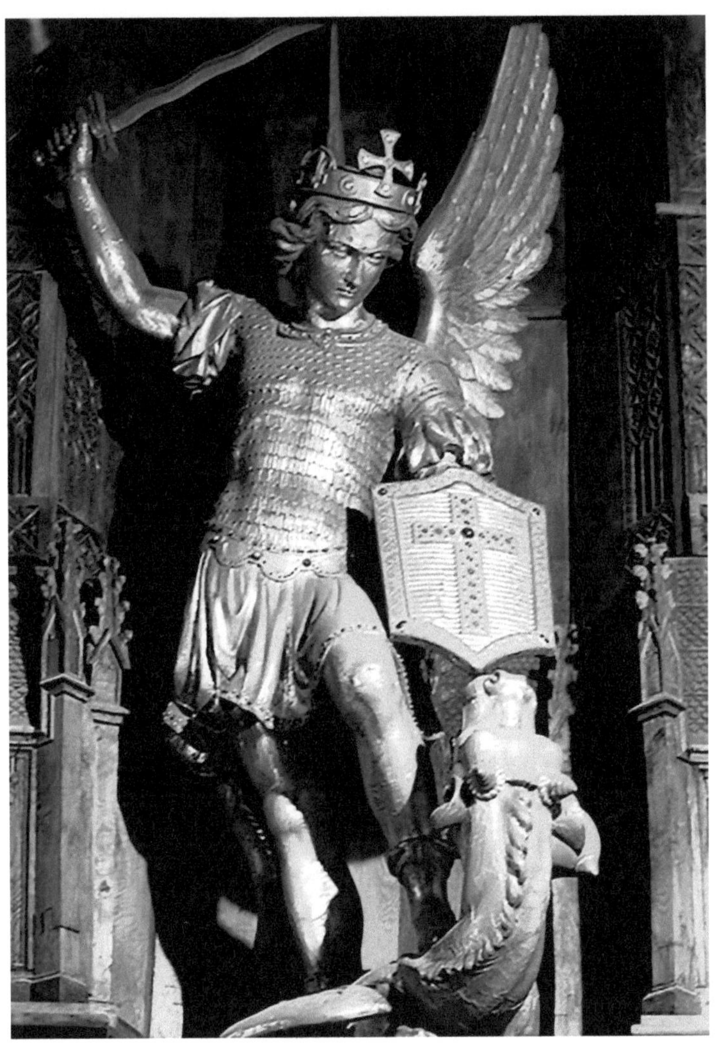

Gleichgewicht herstellen, das durch sich wandelnde Bewegung entsteht und die unteren Kräfte geistgetragen aufnimmt und die oberen mit Wärme durchdringt. Es ist ein Vorläufer des Menschheitsrepräsentanten. Es hat die gleiche Struktur des Aufbaues. Dieser Michael wird zum Antlitz, zur rechten Hand des Christus.

Vor Abraham war das Geistige in der Materie, aber der Mensch war davon bestimmt. Im reinen Sein konnte das Ich dann erwachen und den Geist individualisieren. Und nach der Trennung möchte es wieder zusammengeführt werden. Mit seelenwarmen Geistgedanken möchte die Erde gewandelt werden, im Erkenntnisprozess Ichdurchdrungen werden. Das ist die Erlösungstat des Menschen an den Naturreichen.

Das Herz soll für diese Vorgänge das zentrale Organ werden:

„In Zukunft wird der Mensch in einem viel intimeren Zusammenhange mit der Weltgesetzlichkeit stehen als gegenwärtig. ... Der Kopf mit dem Gehirn ist nur ein Übergangsorgan der Erkenntnis. Das Organ, welches die eigentlich tiefen und zugleich machtvollen Blicke in die Welt tun wird hat seine Anlage in dem gegenwärtigen Herzen. Aber wohlgemerkt: die Anlage zu diesem Organ ist im heutigen Herzen. Um Erkenntnisorgan zu werden, muß sich das Herz noch in der mannigfaltigsten Weise umbilden. Aber dieses Herz ist der Quell und Born zur Menschheitsstufe der Zukunft. Die Erkenntnis wird dann, wenn das Herz ihr Organ sein wird, warm und innig sein, wie heute nur die Gefühle der Liebe und des Mitleids sind."[8]

Wie kann ich beginnen, mit Hilfe des Herzens zu erkennen?

Indem ich nicht ein Einzelnes anglotze, sondern bei jeglicher Tätigkeit, bei jeglichem Denken, Beziehungen herstelle. Es gibt logische Beziehungen wie in der Mathe-

---

[8] Rudolf Steiner, GA 266/1, S. 100

matik, und es gibt egoistische Beziehungen, die einseitig sind. Hier sind jedoch lebendige Beziehungen gemeint. Beziehungen, die durch sonnenhafte Herzenskräfte entstehen.

Lebendige Beziehungen bauen wir über die Erinnerung auf. Die Erinnerung kann, wenn sie gepflegt wird, zu einem gegenwärtigen Organ werden. Sie führt dann nicht weg in die Vergangenheit, sondern macht in der Gegenwart das Geistige sichtbar.

f) Michaelische Meditationen

– Ich kann die rosige Morgensonne anschauen in einem solch liebevollen Staunen, dass ich die innige Verbindung fühle, dass mein Gewissen auftaucht in tiefem Dank und ich in Gewissheit erlebe, wie ich ihr einen Teil meines Seins danke, dass ich ihr mein aufwachendes Ich verdanke, weil ich es erlebe in diesem Momente, das Wieder-Erwachen. Ich pflege diese Empfindung den ganzen Tag durch wie eine Erinnerung. Ich erinnere jedoch nicht die äußere Erscheinung, sondern die Verbindung, die ich gefühlt habe in dem mit dem Herzen verbundenen Ich. Die äußere Wandlung der Sonne im Tageslauf bewirkt nun auch in mir eine Veränderung. Die Sonne nimmt mich mit in ihrem Sonnenlauf. Die Mittagssonne eröffnet mir die Kopfkräfte, die Abendsonne bewegt mein Herz zum Ausstrahlen von warmer Liebe. Der Tageslauf wird zu einem Gesamtakkord, in meiner Erinnerungskraft wird die Bewegung der Sonne zur Gestalt. Das Wesen der Sonne wird mir sichtbarer.

In den Frühlingsblumen wird mir die Farbstimmung der aufgehenden Sonne offenbart, in den Herbstblumen die der untergehenden Sonne. Ich meine jetzt die Farbstimmung, die Seelenbewegung der Farbe, nicht wie die Farbe draufsitzt oder von innen glüht. Ich kann die Sonne im Jahreslauf sehen.

– Ich nehme die Tautropfen wahr, wie sie Spiegel ihrer Umgebung sind, insbesondere des Lichtes. Sie können einfach von der Umgebung oder vom Wind aufgetrunken werden, doch wenn die Sonne sie küsst, dann werden sie zu strahlenden Lichtperlen, zu Spiegeln des Lichtes. Dann steigen sie hoch, und ich kann sehen, wie sie als Wolke sich bilden. Sie können die Erde einhüllen, sie können wechselhafte Gesichter annehmen, sie können im Abendrot Formen und Farben entstehen lassen in ihrer Verehrung der Sonne. Ich kann in diesen Prozessen höhere Wesen erahnen: Im Verdunstungsprozess, im Ballungsprozess, im Spiegelprozess. Wesen, die mit der Entstehung der Welt zu tun haben. Mondenhaft erscheint mir von diesem Anschauungsweg aus das Wesen der Wolken.

So kann ich mich, wenn ich den Tautropfen anschaue, in das Wesen der Hierarchien einleben, und meine Gedanken werden mit ihm hoch getragen in die geistige Welt. Sie kleben nicht an der Materie, ob ich mir den Tau zu nutzen machen kann, ob ich den Tau schön finde oder zu nass. Meine Gedanken sind verwandt mit diesen Prozessen der Verdunstung, der Ballung, der Spiegelung. Ich nehme in meinem Menschsein eine Beziehung auf zu dem Tau und lande damit bei Michael als dem Türhüter, der meine seelendurchdrungenen Gedanken in die geistige Welt durchlässt, und ich lande bei Michael mit der Waage, der darauf achtet, dass kein Eigenwille die Beziehungsaufnahme belastet, und ich lande bei Michael als Angesicht des Christus, wenn meine Anschauungen zum Dienste werden an den Wesen.

Siebter Schritt – Abrundung und Gebet

Wenn ich die Gegenstände, die Natur nur anglotze und zugreife, wo sie mir von Nutzen sind, dann lass ich mich von den Drachenkräften beherrschen. Wenn ich die Erinnerung pflege, während ich sinnlich wahrnehme, dadurch die Metamorphosen in der Gleichzeitigkeit erlebe und eine Beziehung zu dem Wesen durch mein Ich aufbaue durch Dank, durch Hoffnung, durch Liebe, dann kann ich die Drachenkraft besiegen, kann sie wandeln.

Und so gehen wir durch unseren Alltag und wollen den Drachen mutig wahrnehmen: Ein Bewusstsein von der Kraft des Trennenden haben und uns bemühen, mit aller Kraft einen liebevollen Willen zu bekommen und mit unserem liebevollen Willen in jedem Augenblick das Geistige in der Natur und im Menschen erinnern und so Erde und Kosmos verbinden.

In solcher Art und Weise einen immerwährenden Michael-Dienst vollziehen!

Vorschläge für ein gegenwärtiges Michael-Fest:

- Ein gemeinsames Bild malen, wo die Farbe den Pinsel führt.

- Ein soziales Miteinander, wo eine gemeinsame Geschichte erzählt wird, die als Theaterprojekt umgesetzt wird. Gemeinsam wird die Geschichte dadurch, dass sie in der Mitte entsteht.

- Naturwahrnehmungen in kultische Handlungen umsetzen.

- Gemeinsam sprechen, wie man das, was von anderen Menschen kommt, als Wirkung der eigenen karmischen Taten erkennen kann, die Ursache suchen.

- In die Natur gehen, michaelische Meditationen durchführen.

Nun möchte ich zum Abschluss noch ein Gebet an Michael richten:

Michael-Gebet:

„Mikael, wir richten unsere Herzen zu Dir.

Durchflamme unsere Gedanken und Handlungen mit der Kraft des Mutes! Nicht mit dem Mut des Widerstandes und der Abtrennung, sondern mit dem Mut der Selbstlosigkeit für die Wahrheit! Dass wir die Kraft haben, für unser Karma Verantwortung zu nehmen und dadurch im Umkreis-Ich aufwachen ohne die Wahrheit zu verlieren!"

weitere Buchveröffentlichungen der Autorin:

Kontemplative Werke, Bd. 1 *„Die Frage nach einem zeitgemäßen Mysterien-Kultus"*, ISBN 9783750437654

Kontemplative Werke, Bd. 2 *„Im Angesichte, Der Michael-Impuls im Wandel der Zeit", ein manichäisches Mysterien-Drama* ISBN 9783754337936

„Gedanken zum zweiten Goetheanum", gemeinsam mit Martin Zweifel, ISBN 9783033041752

Übungsteil in „Ein roter Faden durch die Architektur", derselbe, ISBN 9783963540011

„Perspektiven freier Hochschularbeit", gemeinsam mit 22 anderen Autoren, ISBN 9783941664654

„Der Salomonische Tempel als Einweihungsweg"

„Die Bhagavad Gita als Einweihungsweg"

„Gedichte aus dem Sinai"

strand@hamburg.de
websites: christiane-gerges.de
misraim-michael-dienst.de
+49 151 27030503